2 mai 1881
Bavay

CATALOGUE

DE LA COLLECTION

D'ANTIQUITÉS ROMAINES

GALLO-ROMAINES,

DU MOYEN-AGE

ET DE

LA BIBLIOTHÈQUE

DÉLAISSÉES PAR

M. A. CRAPEZ

ANCIEN MAIRE A BAVAY (NORD)

Dont la vente aura lieu, à Bavay, en la maison mortuaire, les *Jeudi* 12 *et Vendredi* 13 *mai* 1881, à midi et demi précises, par le ministère de M. le Notaire ALFRED TRÉCA.

Le Catalogue se distribue :

A BAVAY
Chez M. **A. Tréca,** notaire,
(Nord)

A BRUXELLES
Chez MM. **Serrure,** archéol[es],
rue Donny, 5

1881

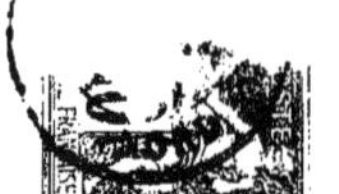

CATALOGUE

D'ANTIQUITÉS ROMAINES

CATALOGUE

DE LA COLLECTION

D'ANTIQUITÉS ROMAINES

GALLO-ROMAINES,

DU MOYEN-AGE

ET DE

LA BIBLIOTHÈQUE

DÉLAISSÉES PAR

M. A. CRAPEZ

ANCIEN MAIRE A BAVAY (NORD)

Dont la vente aura lieu, à Bavay, en la maison mortuaire, les *Jeudi* 12 *et Vendredi* 13 *mai* 1881, à midi et demi précises, par le ministère de M. le Notaire ALFRED TRÉCA.

Le Catalogue se distribue :

A BAVAY	A BRUXELLES
Chez M. **A. Tréca,** notaire, (Nord)	Chez MM. **Serrure,** archéol[es], rue Donny, 5

1881

Bruxelles, imp. Eug. Marcilly, rue des Grands-Carmes, 21,

CONDITIONS

La vente se fait au comptant avec l'augmentation ordinaire de 10 $^0/_0$ applicable aux frais.

Après l'adjudication, il ne sera admis aucune réclamation, de quelque chef que ce soit, les acquéreurs étant censés s'être rendu compte des objets par l'exposition, et les lots adjugés resteront aux risques et périls des acquéreurs.

Le premier jour on vendra les antiquités.

Heures de départ des trains de Maubeuge pour Bavay :

Matin. . .	7 h. 11 m.	11 h. 50 m.
Soir . . .	3 h. 52 m.	7 h. 31 m.

De Valenciennes pour Bavay :

Matin. . .	5 h. 42 m.	10 h. 7 m.
Soir . . .	1 h. 33 m.	6 h. [illegible] m,

La collection d'Antiquités romaines qui va être livrée au feu des enchères a été formée de 1820 à 1860 et composée presqu'exclusivement d'objets provenant des fouilles de Bavay. La plupart de ces objets sont de conservation fort belle et l'on trouve dans le nombre quelques échantillons peu communs de l'art romain et gallo-romain. Parmi les statuettes il y en a de très remarquables. Nous citerons surtout deux Vénus, l'une à la colombe (n° 57), l'autre à la pomme (n° 55), puis une Dame romaine (n° 80), un Hercule d'assez grande dimension (n° 51) et une figurine d'empereur qui semble reproduire les traits de Constantin (n° 89).

Le cabinet Crapez abonde en précieux ustensiles au nombre desquels il convient de mentionner surtout les deux passoires décrites sous les n°s 240 et 241, le sceau dans un état de conservation admirable (n° 238), la lampe en bronze au serpent enroulé (n° 235), la remarquable garniture de porte (n° 261), etc., etc.

La bijouterie est représentée par quelques beaux spécimens de fibules émaillées (n°s 91 et suivants), enfin parmi les antiquités diverses figurent quatre pierres d'oculistes *uniques* qui ont fait l'objet de savantes dissertations de MM. Sichel et Desjardins.

Le catalogue a été rédigé avec soin, d'après des indications fournies par un archéologue de Bavay aussi instruit que modeste et par M. Raymond Serrure, l'un des collaborateurs du Catalogue scientifique du musée national des Antiquités à Bruxelles.

On s'est servi autant que possible de la terminologie adoptée dans les savantes descriptions de M. le comte de Meester de Ravesteyn, dont le nom fait autorité pour les antiquités romaines.

—

Les objets romains qui se distinguent par la rareté et par la conservation sont marqués d'un astérisque.

ANTIQUITÉS ROMAINES

ET

GALLO-ROMAINES.

Monnaies et Médailles.

Gauloises.

1 *Imitation macédonienne.* Tête laurée d'Apollon à droite comme sur les statères de Philippe.— R......ππ... Aurige. *Or.*

2 *Atrebates.* Type dit de l'*epsilon*, mais offrant encore une tête d'Apollon assez distincte — R. Cheval à droite; au dessus des globules. *Or.*

3 — Pièce semblable.

4 *Veromandui.* VIROS. Type de l'*epsilon.* — R. VIROS. Cheval en course à gauche; au dessous, un symbole terminé en forme de croissant. *Or.*

5 — Type de l'*epsilon.* — R. Cheval à droite, au dessus duquel une roue. *Or.*

6 *Ambiani.* Type de l'œil; dans le champ, à droite, trois astérisques. — R. Cheval surmonté d'un instrument en forme de feuillage; au dessous, un disque dans lequel un croissant; derrière le cheval, un astérisque. *Or.*

7 *Treviri* (attribuée à Indutiomar). Tête à droite — R. GERMANVS INDVTILIL. Taureau à gauche, *Br.*

8 *Leuci.* SOLIMA. Tête à gauche. — R. SOLIMA. Cheval à gauche. *Arg.*

Romaines en Or.

9 *Néron.* NERO CAESAR AVGVSTVS. Tête laurée à droite — R. IVPPITER CVSTOS. Jupiter assis.

10 *Domitia.* DOMITIA AVGVSTA IMP DOMIT. Tête à droite — R. CONCORDIA AVGVST. Paon à droite.

11 *Nerva.* IMP. NERVA CAES. AVG. PMTRP. COS III PP. Tête laurée à droite. — R. CONCORDIA EXERCITVVM. Deux mains jointes.

12 *Hadrien.* IMP CAESAR TRAIAN HADRIANVS AVG. Buste lauré à droite — R. PMTRP. COS III. Jupiter tenant la foudre et la haste.

13 *Constantius.* CONSTANTIVS AVGVSTVS. Buste diadémé — R. VICTORIA DDNM AVGG. Victoire à gauche, tenant un trophée et une palme. A l'exergue : TR (Trèves).

14 *Arcadius.* DN. ARCADIVS P. F. AVG. Buste diademé à droite — R. VICTORIA AVGVSTORVM. Victoire marchant de gauche à droite, tenant un globe crucifère; dans le champ : M-D (Milan) ; à l'exergue : COM.

15 *Anthemius.* DN. ANTHEMIVS. AVG. Buste diadémé — R. Croix dans une couronne; à l'exergue : CONOB. Tiers-de sol.

16 *Justin.* DN. IVSTINUS P. P. AVG. Buste diadémé à droite — R. VICTORIA AVGVSTOR. AV. Victoire à droite tenant une couronne et une palme ; à l'exergue : CONOB. Tiers de sol.

17 *Maurice Tibère.* DN. MAVRIC. TIBER. AV. Buste diadémé à droite. — R. VICTORIA AVSTORUM. Victoire tenant une couronne et une croix; à l'exergue : CONOB. Tiers de sol.

18 *Heraclius.* DN. HERACLIVS P. P. AVG. Buste diadémé à droite. — R. VICTORIA AVGVSTORVM. Croix longue; à l'exergue : CONOB. Tiers de sol.

Romaines en argent.

19 *Médailles consulaires.* Aemilia, Baebia, Claudia, Cornelia, Fabia, Furia, Julia, Memmia, Papia, Petronia, Plautia, Porcia, Sepullia, Vibia. 24 pièces dont 4 quinaires.

20 *Médailles impériales.* Jules César, 1 pièce — Auguste, 6 pièces, dont 2 quinaires.

21 Tibère, 6 p. — Claude, 1 p. — Galba, 1 p. — Vitellius, 2 p.

22 Vespasien, 12 p. — Titus, 2 p.

23 Domitien, 9 p. — Nerva, 5 p.

24 Trajan, 10 p.

25 Hadrien, 16 p. — Sabine, 3 p.

26 Antonin, 18 p. — Faustine mère, 9 p.

27 Marc-Aurèle, 5 p. — Faustine jeune, 1 p. — Lucius Vérus, 1 p.

28 Septime Sevère, 22 p. — Julia Domna, 6 p.

29 Caracalla, 4 p. — Plautilla, 2 p. — Géta, 6 p.

30 Elagabale, 10 p. — Julia Maesa, 1 p. — Julia Paula, 2 p.

31 *Diaduménien.* M. OPEL. ANT. DIADUMENIAN AVG. Buste à droite — R. PRINC. IVVENTVTIS. L'empereur et trois enseignes.

32 Sevère Alexandre, 14. — Julia Mamea, 2 p.

33 *Orbiana.* SAL. L. BAEBIA. ORBIANA AVG. **Buste à droite. — R.** CONCORDIA AVGG. La Concorde assise.

34 Maximin, 2 p. — Gordien III, 30 p.

35 Philippe I, 24 p.

36 Otacilia Sévéra, 4 p. — Philippe II, 6 p. — Trajan Dèce, 9 p.

37 Etruscilla, 4 p. — Herennius, 1 p. — Trebonien Galle, 9 p.

38 Volusien, 2 p. — Valerien, 4 p.

39 Gallien, 9 p. — Salonine, 2 p. — Salonin, 6 p.

40 Postume, 17.

41 *Constantin le Grand.* CONSTANTINVS NOB. C. Buste lauré à droite. — R. VIRTVS MILITVM. Castre prétorienne; à l'exergue: P T R (Trèves).

42-50 Un grand nombre de médailles romaines *en bronze* de tout module parmi lesquelles de jolies pièces. — On en fera neuf lots.

Statuettes.

'51 *Grande et belle statue d'Hercule.* Le dieu est debout, nu, dans une attitude de défi, la main gauche appuyée sur la hanche; de la droite, il tient la massue en arrêt. La statuette haute de 0,26 est montée sur un socle de marbre blanc.

'52 Statuette d'Hercule. Le dieu est debout, coiffé du pileus, la main droite appuyée sur la hanche, tenant de la gauche la massue et la peau du lion de Neméo. Montée sur un double socle de marbre blanc. La statuette a 0,11 centim. de haut.

53 Hercule debout, nu, tenant de la main gauche la peau du lion de Nemée. Statuette barbare. Haut : 0,19.

54 Fragment d'une statue qui nous semble être d'Hercule. Il reste le tronc et une partie de bras. Haut 0,06.

'55 *Vénus à la pomme.* Vénus debout tenant la pomme d'or du jugement de Pâris; sa tête est ceinte d'un diadème, deux mèches de cheveux lui tombent gracieusement sur les épaules. Statuette de la plus haute valeur artistique; montée sur socle de marbre blanc. Haut 0,13.

' 56 Vénus debout tenant de la main gauche une large draperie qui la couvre en partie : Haut 0,13.

'57 *Vénus à la colombe.* La déesse debout, drapée dans un grand manteau dont elle tient un pan relevé, de la main droite. Sur le poing gauche est perchée une colombe. Haut 0,12.

'58 *Grand et beau buste d'Apollon*, drapé et lauré. **Haut 0,12.**

59 Apollon barbare, assis et jouant de la lyre. Haut 0,07.

60 Fragment de la partie supérieure d'une statue d'Apollon-Soleil. Haut 0,07.

61 Mars debout, casqué ; de la main gauche, appuyée sur la hanche, il tient une draperie qui retombe sur le sol. La main droite relevée tenait jadis une haste (?) qui est perdue. Haut 0,14.

62 Petite figurine de Mars, dans la même attitude. Haut 0,06

63 Petit buste casqué et drapé de Minerve. Haut 0,05.

64 Petit buste de Minerve, d'une fabrique barbare. Haut 0,08

65 Petit buste de Minerve. Haut 0,06.

*66 Statuette de Minerve. La déesse debout, casquée, cuirassée, tient la main droite appuyée sur la hanche; la main gauche est posée sur son bouclier. Haut 0,07.

67 Statuette de Minerve d'un style des plus barbares. Haut 0,07.

*68 Superbe cimier de casque, fragment d'une statue de Minerve. Long. 0,09.

*69 Jolie statuette de Mercure. Le dieu debout, les pieds ailés quoique nus ; il est coiffé du petase et a une bourse dans la main droite. Sa chlamyde, roulée autour du bras gauche lui couvre l'épaule et le côte, laissant à découvert le reste du corps. Haut. 0,07.

70 Mercure dans une attitude semblable. Les pieds et la main droite manquent. Haut. 0,06.

71 Mercure, nu, debout coiffé du petase. Sur la main droite, étendue est posée une bourse. L'objet, un caducée ? qu'il tenait dans la main gauche est perdu. Haut 0,07.

72 Fragment très fruste d'une statuette de Mercure. Haut 0,07.

73 Petite figurine barbare de la Victoire. Haut. 0,09.

*74 Jolie statuette de Vertumne sous la forme d'un jeune vigneron. Dans la main droite, il porte une patère, tandis que la gauche relevée au-dessus de la tête tient une corne d'abondance. Haut 0,12.

75 Petite statuette du même dieu sur socle de bronze. Haut 0,08.

*76 *Charmante statuette de prêtresse de Cibèle.* Elle est debout les yeux et la main gauche levés au ciel ; la main droite appuyée sur une espèce de bouclier. Haut. 0,14.

*77 Jolie statuette de l'Amour ailé (une aile manque). Le dieu est appuyé sur le pied droit et tient l'autre relevé. Haut 0,06.

*78 Statuette de l'amour, dans une pose à peu près semblable. Haut 0,09.

79 Buste de femme, très fruste. Haut 0,04.

*80 *Superbe statuette de dame romaine.* Elle marche, la main gauche relevée, vêtue d'une large palla. Ses cheveux maintenus par un bandeau lui descendent sur les épaules. Haut 0,17.

*81 Jolie statuette d'éthiopien, aux cheveux crépus, sans bras. Haut 0,16.

82 Dame romaine (?) petite statuette fruste et très oxydée. Haut. 0,06.

83 Figurine nue. Haut 0,06.

84 Femme nue, sans bras, étendue. Le ventre et la poitrine composés d'une plaque mobile forment boite. Long. 0,19.

*85 Tête de prêtre. La tête rasée ne conserve qu'une longue mèche de cheveux tressés, au centre. Elle est en outre coiffée d'un phallus. Haut 0,06.

86 Pièce semblable, sans phallus. Haut 0,06.

87 Petite statuette de satyre assis. Haut 0,06. Cette figurine nous semble appartenir à la renaissance florentine.

*88 Statuette égyptienne. Isis assise tenant son fils Horus sur les genoux. Haut 0,07.

*89 *Superbe statue de l'empereur Constantin II.* Il est debout contre un roc, la tête nue, les cheveux ras, drapé d'un large paludamentum qu'une fibule retient sur l'épaule gauche. Dans la main droite est posé un globe; la gauche relevée au dessus de l'épaule tenait autrefois une haste (?) qui est perdue. Haut 0,13.

90 Pied de statuette. Haut 0,025.

Fibules.

*91 Charmante fibule représentant une chimère. Les détails de l'animal sont gravés, le tronc est orné d'émail vert. Une partie de l'épingle manque. Longueur 0,045.

*92 Fibule du même genre en forme de paon, ornée comme la précédente de traits gravés et d'émail vert. L'épingle est perdue. Long. 0,05.

*93 Fibule de même fabrique, en forme de lièvre courant, dépourvue de son épingle. Long. 0,043.

*94 Fibule d'un grand relief représentant une panthère. Elle est garnie d'émaux de couleurs diverses imitant le pelage de l'animal. Sans épingle. Long. 0,04.

95 Fibule émaillée représentant un animal informe. Elle est encore pourvue de son épingle. Long. 0,035.

*96 Fibule émaillée en jaune bleu et blanc de forme circulaire, percée au centre et garnie sur les côtés de six petits disques émaillés. L'épingle manque. Long. 0,04.

*97 Fibule de même genre, mais de forme ovale. L'épingle manque. Long. 0,04.

'98 Fibule du même genre, de forme carrée. L'épingle est perdue. Long. 0,035.

'99 Fibule de même forme que la précédente, mais plus ornée et émaillée en vert et en rouge. Sans épingle. Long. 0,04.

'100 Fibule du même genre, de forme losangée, ornée d'émail jaune, vert, rouge et blanc. Sans épingle. Long. 0,035.

'101 Jolie fibule émaillée et gravée, formée de deux cercles accolés et terminés de chaque côté par une tête d'insecte. L'épingle manque. Long. 0,055.

'102 Fibule émaillée et gravée, formée d'un losange et terminée par une tête d'insecte garnie d'antennes. Sans épingle. L. 0,06.

'103 Pièce à peu près semblable, munie de son épingle. Long. 0,045.

104 Fibule de même type, sans épingle. 0,04.

105 Deux fibules de même type, sans épingle. 0,05.

106 Fibule de même type, sans épingle. 0,04.

'107 Joli fibule émaillée et gravée, formée d'un triangle et terminé par une tête d'insecte. Sans épingle. Long. 0,05.

108 Fibule du même genre, moins ornée. Sans épingle. Long. 0.05.

109 Fibule du même genre. Long. 0,04.

110 Pièce semblable.

'111 Fibule gravée représentant un insecte ; le dos, de forme oblongue est orné de stries gravées. L'épingle manque. Longueur 0,05.

'112 Fibule émaillée et gravée, représentant un insecte. L'épingle manque en partie. Long. 0,05.

'113 Fibule émaillée et gravée, en forme d'insecte, encore pourvue de son épingle. Long. 0,04.

114 Grande fibule, en forme d'insecte. Le dos de l'animal est en losange, émaillé et gravé, la tête est gravée. Sans épingle. Long. 0,07.

'115 Fibule, en forme d'insecte, émaillée et gravée pourvue de son épingle. Long. 0,04.

116 Petite fibule gravée et émaillée, représentant un insecte. Le dos de l'animal est formé d'un triangle allongé. L'épingle manque. Long. 0,03.

117 Fibule émaillée représentant un insecte de forme très allongée. Sans épingle. Long. 0,04.

118 Fibule gravée en forme d'insecte. Sans épingle. L. 0,03.

119 Fibule formée d'une plaque ronde couverte d'un émail très compliqué. Sans épingle. Diamètre 0,03.

120 Fibule formée d'une plaque ronde ornée de cercles concentriques gravés. Sans épingle. Diam. 0,04.

121 Fibule ronde, émaillée et argentée. Une partie de l'objet manque. Diam. 0,04.

'122 Fibule émaillée en forme de sandale. Sans épingle. Long. 0,045.

123 Pièce semblable. Long. 0,04.

124 Pièce semblable. Long. 0,03.

'125 Charmante fibule composée d'une plaque émaillée et de deux tiges gravées. Sans épingle. Long. 0,05.

126 Pièce semblable.

'127 Fibule en forme de losange, émaillée, gravée et percée à jour. Sans épingle. Long. 0,05.

128 Fibules émaillées en forme de rouelle. Deux pièces dépourvues d'épingle. Long. 0,04 et 0,03.

'129 Fibule émaillée et argentée en forme de croix ancrée. Sans épingle. Long. 0,03.

'130 Fibule émaillée en bleu, blanc et jaune, en forme de croix aux extrémités arrondies. Sans épingle. Long. 0,03.

'131 Fibule gravée et émaillée, en forme de quarte feuile. L'épingle manque. Long. 0,03.

'132 Fibule émaillée, composée d'une plaque ronde ayant de deux côtés un ornement formé de deux croissants. Sans épingle Long. 0.055.

'133 Fibule du même genre. Au centre de la plaque est perché un oiseau émaillé. L'épingle manque. Long. 0,055.

134 Petite fibule triangulaire, émaillée. — Autre de forme carrée. Deux pièces.

'135 Curieuse fibule émaillée formée d'un chevron et de plusieurs plaques rondes. L'épingle est enlevée en partie. Long. 0.05.

136 Petite fibule, formée d'un simple anneau orné de globules. — Elle est munie de son épingle. Long. 0,02.

137 Fibule formé d'un arc émaillé fortement courbé. Long. 0,03.

138 Fibule émaillée formée d'une plaque ovale. — Sans épingle, Long. 0,04.

139 Même forme plus ornées. Deux pièces. — Sans épingle. Long. 0,03 et 0,04.

'140 Curieuse fibule, encore pourvue de son épingle, de forme hexagonale, ornée de six boules. Long. 0.03.

'141 Fibule gravée, ornée de stries et d'annelets. Sans épingle. Long. 0,06.

142 Belle fibule de forme arquée. A l'extrémité de l'arc, une barre supporte trois boules. — L'épingle est intacte et encore mobile. Long. 0,07.

'143 Fibule semblable et d'une conservation également belle. Long. 0,08.

144 Fibule semblable privée de son épingle.

'145 Fibule formée d'un simple arc terminé par une barre transversale qui renferme le ressort de l'épingle, encore intacte. Long. 0.08.

*146 Grande et belle fibule, formée d'une plaque losangée du milieu de laquelle surgit un arc, couvert de stries gravées, qui se termine par une barre transversale, renfermant le ressort l'épingle encore intacte. Long. 0,075

*147 Pièce semblable, l'épingle manque.

*148 Fibule du même genre, mais la plaque est ronde. L'épingle est perdue. Long. 0.10.

*149 Jolie fibule formée d'une longue bande arquée, chargée d'ornements gravés. L'épingle est intacte. Long. 0,08.

*150 Jolie fibule très ornéee, garnie de disques émaillés et gravés. Long. 0.04.

151 — 167 Trente-six fibules diverses à vendre par paires.

168 — 170 Trois grands lots de fibules.

Boucles, agraffes, bagues, etc.

*171 Superbe boucle de ceinturon ornée de desseins émaillés en bleu vert et jaune, dans un parfait état de conservation.

172-173 Deux paires de boucles de ceinturon en forme de coquilles.

*174 Boucle en forme de buste de dieu Lare.

175 Pièce semblable, variée.

*176 Plaque portant une tête de Méduse.

*177 Plaque portant une tête de lion.

*178 Plaque portant un phallus.

179 Agraffe en forme de feuille.

180 Plaque émaillée ornée de cercles concentriques en relief.

181 Pièce semblable.

182 Une de boucles de ceinturon de forme variée.

183 Une autre.

184 Bague jadis ornée d'une pierre gravée dont il ne reste que des débris informes. Diam. 0,02.

185 Bague ornée d'un petit buste féminin. Diam. 0,02.

186 Bagues diverses.

187-192 Six lots, chacun de dix anneaux de diverses dimensions.

*193 Clavis clausa. Jolie bague munie d'une clef.

194 Pièce du même genre, plus petite.

*195 Bracelet formé d'un cercle massif et uni, les extrémités seules offrant une ligne gravée en spirale. Diam. 0,07.

196 Pièce semblable.

197 Bracelet du même genre, plus petit. Diam. 0,05, et autre anneau. Deux pièces.

*198 Petit bracelet orné de plaques et muni d'une chainette servant de fermoir. Diam. 0,06.

199 Petit bracelet formé d'un mince fil de bronze tourné aux extrémités. Diam. 0,05.

200 Pièce du même genre plus grande. Diam. 0,07.

201 Divers fragments de chaines, de longueurs différentes.

*202 Superbe ornement (fibule?) formé de deux disques en spirale élastique; belle patine verte. Long. 0,16.

*203 Aiguilles, épingles de tête (acus crinalis) et cure-oreille (auriscalpium). Quatre pièces bien conservées.

204 Une série de quatre objets semblables bien conservés.

205-207 Trois lots d'objets du même genre.

208 Dix-huit perles et grains de collier, en terre cuite, etc.

209 Série de perles en verre, ambre, terre cuite, etc.

Animaux, poids, etc.

—

210 Bouc. Un pied manque. Long. 0,05.

*211 Autre, plus petit. Long. 0,03.

212 Chien lévrier en course. Long. 0,05. *Plomb.*

213 Taureau dont le dos est couvert de diverses inscriptions. Les pieds manquent. Long. 0,07.

214 Panthère prenant son élan, montée sur un socle en marbre blanc. Long. 0,08.

*215 Jolie tête de panthère. Long. 0,02.

*216 Charmant petit coq. Long. 0,02.

*217 Autres plus petits. Long. 0,015.

218 Tête de bouc de face. Long. 0,05.

219 Oie. Long. 0,04.

220 Oiseau. Long. 0,07.

221 Ornement terminé en col de cygne. Long. 0,04.

*222 Petite corbeille à anse, ornée de lignes en relief. Haut. 0,04.

223 Clochette conique. Haut. 0,06.

224 Clochette différente. Haut. 0,06.

225 Pied de lion. Haut. 0,05.

226 Pied chaussé; offrande votive. Haut. 0,07.

227 Bas-relief ovale représentant une scène de bacchanales. Long. 0,18, larg. 0,08.

Cette plaque nous parait surmoulée.

238 Personnage sous un dais orné de festons. Haut. 0,09. *Plomb.*
229 Petit poids carré en bronze. 0,03.
*230 Grand poids sphérique en marbre bleu portant sur une face: IIII. Diam. 0,13.
231 Grand poids en pierre blanche.
232 Æquipondium, poids de balance romaine. *Plomb.*
233-234 Deux poids de balance romaine en forme de cœur.

Lampes. Ustensiles divers, Armes, Miroirs,

ETC., ETC.

*235 *Lampe ovale* d'une forme des plus gracieuses et dans un parfait état de conservation. Elle est posée sur un pied élégant orné de cannelures, et porte sur la partie supérieure une tête de Bacchus coiffée de pampre et de lierre. La poignée est formée d'un serpent qui s'enlace autour de la lampe et remonte en replis capricieux jusqu'à la hauteur de la rostre. Haut. 0,16, larg. 0,17, long. 0,07.
236 Petite lampe plate sans ornements. Long. 0,12.
237 Petite lampe plate sans ornements. Long. 0,04.

---

*238 *Grand et beau seau* muni d'une anse mobile. Haut. 0,27.
239 Fragments (bord supérieur, anse et fond) d'un seau identique.
Ces deux curieux objets furent déterrés en 1874 sur l'emplacement de la gare de Bavay.
*240 *Belle passoire*, munie d'un long manche qui se termine par un anneau orné. Long. 0,33.
*241 Passoire plus petite, avec manche terminé par un crochet. Long. 0,24.
*242 Pot orné de cercles concentriques et de lignes. Il contient des restes de froment. Haut. 0,10, larg. 0,12.
*243 Vase à large embouchure, muni d'une anse sans ornements. Haut. 0,12.
*244 *Joli vase en forme d'aiguière.* La panse est ornée de lignes et de festons. Haut. 0,17.
245 Anse de vase, ornée d'ornements divers et de figures en relief dont l'oxydation ne permet pas de distinguer les détails. Long. 0,17.

---

*246-248 Tuyaux cylindriques ornés de lignes argentées. Long. 0,09 et 0,10. Trois pièces.

*249 Petite louche à manche recourbé en forme de tête de cygne, dite : *simpulum*. Long. 0,21.

250 Série de cuillers de dimensions et de formes variées.

*251 Superbe manche de couteau de sacrifice, représentant un lion couché. Long. 0,10.

252 Pièce semblable, mais plus petite et plus barbare. Long. 0.06.

*253 Scalprum fabrile, ciseau de menuisier, avec ouvertures sur les côtés, destinées à recevoir un manche en bois. Long. 0,16.

254 Pièce semblable plus petite munie d'un petit anneau fixe. Long. 0,07.

*255 *Belle masse d'armes* formée d'un maste au hérissé de trois pointes. Long. 0,10.

*256 Jolie pointe de lance, dite *cuspis*.

*256 bis *Superbe hache en silex poli* portant trois entailles sur l'un des côtés. Long. 0,16.

257 Silex plus petit. Long. 0,08.

258 Silex plus petit. Long. 0,06.

259 Série de clous.

260 Sept têtes de clous ou boutons émaillés en diverses couleurs.

---

*261 *Belle plaque de serrure* ornée de cercles concentriques et de festons percés à jour, encore pourvue de ses deux attaches : deux jolis bustes de dieux Lares. Cet intéressant objet est dans un parfait état de conservation. Haut. 0.25, larg. 0,08.

*262 Fragment de la partie supérieure d'une plaque de serrure, orné d'une tête de lion en relief.

263 Fragment de plaque de serrure.

264 Buste de dieu Lare, ayant servi d'attache de plaque de serrure.

265 Petit buste, ayant eu la même destination.

266 Plaque ronde (diam. 0,05) portant le buste d'un dieu Lare en relief et ayant servi d'attache de plaque de serrure.

*267 Belle et forte clef de porte à trois dents. Long. 0,08.

*268 Belle clef dont le manche se termine en une sorte de fleur de lis.

269-270 Deux clefs de même forme.

271 Fragments de clefs de même forme.

*272 Petite clef très ornée. Long. 0,06.

*273 Jolie petite clef de cassette. Long. 0,04.

274 Autre petite clef de cassette. Long. 0,06.

275 Gond de porte. Long. 0,16.

*276 Grande et belle charnière. Long. 0,30.

---

*277 Miroir rond, uni, garni d'un bord. Diam. 0,11.
*278 Miroir rond, orné de cercles concentriques et pourvu d'un bord relevé. Diam. 0,10.
279 Miroir du même genre, sans bord. Diam. 0,095.
*820 Fragments de miroir.

Ivoire, Os, etc.

*281 Charmante petite tête de femme en ivoire. Haut. 0,03.
282 Plaque en os avec profil de femme en relief.
283 Buste de satyre en terre cuite. Long. 0,07.
284 Série de sept aiguilles et épingles de tête en ivoire.
285 Lot d'aiguilles, fragments d'épingles, etc.
*286 Joli sifflet en ivoire. Long. 0.05.
287 Tuyau cylindrique en os, percé de trous posés transversalement comme ceux d'une flûte.
288 Anneau en ivoire.
289 Récipient en os.
*290 Jolie fiole lacrymatoire en albâtre, munie de deux petites saillies sur les côtés. Haut. 0,11.
*291 Fiole semblable. 0,12.

Cachets d'Oculistes.

*292 Cachet carré de 4 centim. et de 1 centim. d'épaisseur, portant comme inscription :

1) LIVLAMAND || DIAMISADVETL
2) LIAMANDIPE || NICILEMEOC
3) SPIƎNTISVPERS || EVVODADGENTR
4) .....I.I.IISVPER || .....I.....IK

Ce cachet comme les deux suivants, a été publié en 1866 par Sichel : *Nouveau recueil de pierres sigillaires d'oculistes romains.*

*293 Cachet oblong. Long. 0,06. larg. 0,03. épaiss. 0,015. Une partie de cette pierre est altérée par l'action du feu. Les inscriptions sont :

1) CLFIDIIS..... || MISASADVE....
2) LFIDIISIDORIDIAS || .....RNESPOSTIMF

*294 Cachet carré de 0,032. Epaiss. 0,009. Les légendes sont :
1) ROMANID.....
2) ROMANICRO || CODESADASP
3) ROMANIDIA || PSORICVM
4) . . . .

*295 Curieux cachet hexagone mesurant dans sa plus grande larg. 0,03 et d'une épaiss. de 0,05. Voici les inscriptions de cette pièce unique quant à la forme :
1) C.AN.CENSORI || NVS — 2) CEN — 3) C — 4) VICTOR.
Cette belle pierre a fait l'objet d'un article de M. E. DESJARDINS dans la *Revue archéologique*; 1873; XXV; p. 260.

Verres

*296 Grand vase à large panse, sans ornements. Haut. 0,21.
*297 Joli vase à large panse et à goulot étranglé. Certaines parties du verre sont fortement irisées. H. 0,19,
*298 Charmante petite fiole bleue. Haut. 0,05.
*299 Beau fragment de coupe ; au fond, au milieu d'un cercle et entre deux roses, l'inscription dorée : HILARI VIVAS. Larg. 0,19.
300-304 Cinq fioles dites lacrymatoires, dont plusieurs parfaitement irisées. Haut. de 0,12 à 0,08.
305 Lot de fragments de vases, de coupes et de fioles diverses.

Céramique

*306 Lampe en terre rouge, sans anse, à bec orné. Le bassin porte un taureau à droite. L. 0,11.
307 Lampe rouge, avec anse, sans ornement, portant à la base l'incription : FORTIS. L. 0,11,
308-309 Deux lots de trois lampes chacun.
310-314 Dix urnes en terre grise, jaunâtre ou blanche, dont la hauteur varie de 0,16 à 0,25. A vendre par paires.
315-317 Douze urnes plus petites à vendre par lots de quatre pièces.
318 Jolie urne en terre grise, ornée de festons et de cercles en creux. Haut. 0,16.

* 319 Grand plat en terre rouge, orné de cercles. Diam. 0,31.
320 Plat en terre rouge. Diam. 0,25.
321 Plat en terre rouge. Diam. 0.21.
* 322 Plat noir orné de trois cercles concentriques et portant au centre une marque de potier. Diam. 0,19.
323 Cinq plats dont un en terre rouge; le diamètre varie de 0,18 à 0,22.
324 Divers fragments de plats, têles, vases, etc., etc., avec marques de potiers.
325 Quatre plats variés de 0,16 de diamètre environ, avec marques de potier.
326-327 Douze petits plats, etc., à répartir en deux lots.
* 328 Joli vase en terre blanche, orné de roses et d'arabesques, avec anse et goulot étroit. Haut. 0,14.
329-330 Huit cruches sans ornements, à vendre en deux lots.
331 Belle cruche en terre blanche, garnie de deux anses (l'une est brisée) et ornée sur la panse d'une tête de Jupiter.
332 Trois urnes ou vases de formes diverses.
333 Trois petites coupes noires. Larg. 0,07.
334 Cruche à deux anses. 0,21.
335 Cruche à large panse, garnie d'une anse.
336 Jolie cruche à goulot tréflé, en terre rouge. Haut. 0,20.
337 — plus petite. Haut. 0,13.
338 — de terre grise. Haut. 0,11. Deux pièces.
339 Lot de potiches, vases, etc. Sept pièces.
* 340 Vase affectant la forme d'une coupe à fruits; les bords sont ornés de cannelures. Haut. 0,13.
* 341 Vase de forme semblable, percé de trous et servant d'égouttoir. Haut 0,06.
342 Vases de forme conique, etc. Deux pièces.
* 343 Belle potiche en terre noire mate, orné de lignes et de dentelures. Haut, 0,18,
344 Vase noir à anse. Haut. 0,21.
345 Lot de cinq potiches noirs.
346 Jolie potiche rouge à pied effilé.
347 Trois plats ou soucoupes rouges et noirs.
* 348 Statuette de Mercure, coiffé du pétase et tenant le caducée. Haut. 0,14.
349-355 Sous ces numéros on vendra une quantité considérable de fragments de vases, plats, urnes, etc.
* 356-357 Deux grandes et belles urnes à provisions en terre grise, mesurant deux mètres de circuit et 0,63 de haut. L'une est légèrement, mais habilement, restaurée.
* 358 Cinq curieuses briques triangulaires portant en creux diverses figures, inscriptions, etc.

359 Lot de vingt-trois briques romaines.

360 Grande tuile rouge. Haut. 0,39; larg. 0,28.—Carreau rouge 0,58 et débris. — Carreaux de pavement portant en marque TRPS. — Fragments de mosaïque, etc., etc.

361 Divers fragments de statues en pierre blanche; — pierre bleue à inscription; — fragments de chapiteau, etc.

362 Fragment de statue de divinité assyrienne. Haut. 0,62.

Manuscrit archéologique

363 *Bavay ancien et moderne*, ouvrage composé d'un recueil de dessins des antiquités trouvées de 1824 à 1830, lors des fouilles opérées par M. Niveleau. Album et texte, copie *unique* par M. Meurs. Belle reliure de luxe.

MOYEN AGE

ET

TEMPS MODERNES

Monnaies d'or

364 *Venise.* Alouis Mocenigo, sequin, deux pièces variées.
365 *France.* Louis XIV. Louis au soleil, frappé à Paris, 1714.
366 — Louis XV. Louis aux lunettes, frappé à Paris, 1744.
367 — Louis XV. Louis au buste vieilli, frappé à Lille, 1744.
368 Louis XVI. Louis de 1786, frappé à Paris.
369 *Angleterre.* Charles II, Souverain, de 1683.
370 — Guillaume III. Demi-souverain de 1700.
371 — Georges. Souverain de 1715.
372 — Demi-souverain de 1720.
373 *Etats-Unis d'Amérique.* Dollar de 1851.

Monnaies d'argent, etc. — Cachets.

374 *Flandre.* Louis de Crécy, gros au lion, frappé à Gand.
375 *Brabant.* Denier de Bruxelles.
376 *Hainaut.* Gros au monogramme de Guillaume II.
377 *Strasbourg.* Denier du XIIIe siècle. EPISCOPVS Buste de face. — Rev. ARGENTINA. Bâtiment.
378 *Limbourg sur la Lenne.* Mite de Thierry, imitée de celles à la lettre L. de Louis de Male.

379-380. Deux lots de monnaies diverses en argent comprenant notamment :

Louis XIV, couronne, demi-couronne, quart de couronne.

Louis XV, couronne (2 pièces), demi-couronne.

Louis XVI, écu de 1792.

Gaule Subalpine, 5 francs de l'an IX, et autre de l'an X.

Marie-Thérese, couronne et demi-couronne.

381-382. Deux lots de monnaies de cuivre.

383 Lot de médailles en bronze, dix pièces en bronze.

384 Petite plaque de pélérinage en cuivre ; trois médailles religieuses en argent.

385 Curieux plomb de marchandises de Gand de la fin du XVIIe siècle : GENDT. La pucelle assise,— Rev. le lion gantois.

386. Cachet en cuivre, du parlement de Tournai, pendant l'occupation de Louis XIV : SCEL AVX CONTR. DV. RESSORT DV. PARLEMENT DE TOURNAI. Ecu de France, couronné, soutenu par deux anges.

387 Sceau du XVIe siècle de : NICOLAS FRANÇOIS LE LONG. Griffon tenant un écusson. Jolie matrice, *cuivre*.

388 Lots de cinq cachets divers.

Ferronnerie, Armes

—

389 Belle serrure, garnie de festons. XVIe siècle.

390 Trousseau de trois grandes et belles clefs du XVIe siècle.

391 Curieuse série de clesf du moyen âge, de la forme des *claves laconicae* romaines. Seize pièces.

392 Série de clefs du moyen âge et du XVIe siècle. Onze pièces.

393 Entraves d'animaux, menottes, éperons en fer. Ensemble huit pièces.

394 Grand lot d'objets divers en fer.

395 Pointe de hallebarde du XVIIe siècle ; fer.

396 Fragment de cote de maille.

397-400 Plusieurs épées de l'époque du premier empire, trois pistolets, fusils, etc. A répartir en lots.

Objets divers

—

401 Plaque mérovingienne de ceinturon, carrée, garnie d'incrustations en argent. Fruste.

402 Six cornes de différentes dimensions.
Ces objets, dont un grand nombre d'exemplaires furent trouvés à Wyck by Duurstede, étaient placés dans les mains des guerriers défunts, et possédaient la vertu d'éloigner les mauvais esprits.

403 Amulette sachet en plomb, ornée de croix et de rosaces.

404 Amulette chétienne en pâte blanche, représentant saint Jean-Baptiste.

405 Joli fermoir de ceinturon, portant autour d'un ornement la légende gothique : POVR BIÉN. —

406 Statuette barbare, en plomb, représentant l'archange saint Michel, debout, tenant l'épée. Haut. 0,08.

407 Joli chandelier roman, XIIe siècle, monté sur un trépiéd. *Bronze*. Haut. 0,19.

408 Pied de chandelier du même genre et de la même époque.

409 Jolie cuiller à encens, dont le manche se termine par une image de saint debout. *Bronze*.

410 Grand lot de cuillers du Moyen-âge. *Bronze*.

411 Plaque en bronze portant un aigle biceps. Haut. 0,18.

412 Plaque argentée, portant deux écus accolés d'azur au chevron d'or, accompagné de trois étoiles d'or — et de gueules au chevron d'or acc. en chef de deux étoiles d'argent et en pointe d'une rose d'argent.

413 Grande quantité de fibules romaines, objets du Moyen-âge, etc. (*Bronze, ivoire*, etc.). A répartir en lots au gré des acheteurs.

Bas-reliefs, Sculptures, Grés

—

414 Bas-relief en marbre blanc, de la Renaissance florentine, représentant une scène de supplice. Haut. 0,26 ; larg. 0,41.

415 Petit bas-relief en marbre blanc, représentant deux harpies entourées d'ornements. Haut. 0,21.

416 Bas-relief en albâtre représentant l'Annonciation, XVIe siècle. Haut. 0,12; larg. 0,10.

417 Fragment de retable en bois de chêne, représentant une descente de croix. Haut. 0,28, larg. 0,46.

418 Superbe fontaine en grès gris et bleu, formée de trois sphères ornées. Le globe supérieur s'enlève et forme couvercle. Le globe inférieur représente une tête de lion dont la gueule donne passage au goulot. Haut. 0,50.

419 Jolie petite cruche en grès brun, ornée de trois anses alternant avec trois figures humaines. Haut. 0,16.

420 Grande pierre aux armoiries de la famille de Noircarmes, comtes de Louvignies et à la date de 1670. Cette pierre provient du château de Louvignies.

—

421 On vendra sous ce numéro une grande collection de pétrifications découvertes à Bavay et dans le Borinage.

422-425 On vendra sous ces numéros plusieurs médailliers, vitrines, etc.

Un bureau armoire, deux bahuts plaqués en écaille (excribans) et un vieux secrétaire marqueté.

BIBLIOTHÈQUE

—

1 De Bast. Recueil d'antiquités. Gand, 1809. Deux vol., in-4°, reliés, dos maroq. rouge.

2 C. Martin. Généalogie des comtes de Flandre. Anvers, Plantin. 1612. In-fol., relié.

3 Chronique rimée de Ph. Mouskes, publiée par M. De Reiffenberg. Bruxelles, 1836. Deux vol. in-4°, reliés.

4 Loix et Coutumes de Mons. Mons, 1700. Petit in-4°. Un vol., relié.

5 Dumées. Jurisprudence du Hainaut français. Douai, 1750. Un vol., in-4°, relié.

6 Jean Lemaire des Belges. Les illustrations de Gaule et Singularitez de Troie. Paris, Regnault, 1512. In-fol., relié.

7 Lange. Nouvelle pratique civile, criminelle et bénéficiale. Paris, 1694. In-4°, relié.

8 Wastelain. Description de la Gaule Belgique. Lille, 1761, In-4°, relié.

9 Leglay. Cameracum Christianum. Lille, 1849. In-4°, broché.

10 Le Glay. Recherches sur l'église métropolitaine de Cambrai. Paris, 1825. In-4°, broché.

11 Pollet. Arrêts du Parlement de Flandre. Lille, 1772. In-4°, relié.

12 Fouchet. Antiquités et Histoires gauloises et françaises. Genève, 1611. In-4°, relié.

13 Valmont de Bomare. Dictionnaire raisonné d'histoire naturelle. Paris, 1768. In-4°. Quatre vol., figg.

14 Doutreman. Histoire de Valenciennes. Douai, 1639. In-fol., relié. Exemplaire restauré. Une feuille refaite à l'encre.

15 Mangeart. Catalogue des manuscrits de la bibliothèque de Valenciennes. Valenciennes, 1860. Gr. in-8, broché.

16 Dinaux. Description des fêtes de Valenciennes. Lille, 1856. Gr. in-8, broché, figg.

17 Pillot. Histoire du Parlement de Flandre. Douai, 1850. In-8. Deux vol., broché.

18 Les huit Codes. Paris, 1830. In-8, relié.

19 Le Carpentier. Histoire de Cambrai et du Cambrésis. Leyde, 1664. Deux vol., in-4°. Découpures légères aux titres. La carte qui manque souvent est présente chez cet exemplaire.

20 Motley. Les Révolutions des Pays-Bas au XVIe siècle. Bruxelles, 1860. In-8. Quatre vol., brochés.

21 Delhaye. Histoire de Bavay. Bavay, 1860. In-8, broché.

22 Schayes. Les Pays-Bas avant et durant la domination romaine. Bruxelles, 1837. In-8. Deux vol., brochés.

23 Duthillœul. Bibliographie douaisienne. Paris, 1835. In-8. relié.

24 Leboucq. Histoire de la terre de Sebourcq. Bruxelles, 1665. In-4°, relié. Marges recollées, mouillures.

25 Zeller. L'année historique. Paris, 1860-1863. Quatre vol., pet. in-8, brochés.

26 Bouillet. Dictionnaire d'Histoire et de Géographie. Paris, 1857. In-8, relié.

27 De Montalembert. Histoire de sainte Elisabeth de Hongrie. Paris, 1836. In-8, relié, figg.

28 Sandeler. Répertoire d'Economie politique. La Haye, 1827. Gr. in-8, Trois vol., broch.

29 Caffiaux. Essai sur le régime économique du Hainaut, Valenciennes, 1873. In-8, broch.

30 Duvivier. Recherches sur le Hainaut ancien. Bruxelles, 1866. Deux vol. in-8, broch.

31 Le Monde: histoire de tous les peuples. Paris, 1859. Dix vol. in-8. fig., rel.

32 Van der Vin. Histoire du comte de Hainaut. Bruxelles (collection Jamar). Trois vol. petit in-8, brochés.

33 Oudegheerst. Annales de Flandre. Edition Lesbroussart. Gand, 1789. In-8. Deux vol. rel.

34 De Caumont. Abécédaire d'archéologie. Paris, 1850. In-8, br.

35 Clément. Histoire des fêtes civiles et religieuses de Flandre. Avesnes, 1845. In-8, broch.

36 Froissart. Histoire et Chroniques. Paris, 1624. In-fol. rel. Bel exemplaire.

37 Monstrelet. Chroniques. Paris, 1603. In-fol. Jolie reliure, Bel exemplaire.

38 B. de Wassebourg. Antiquitez de la Gaule Belgique. Paris, 1549. In-fol., rel. Taches d'huile.

39 Van Loon. Histoire métallique des Pays-Bas. La Haye, 1732. In-fol. Cinq vol., fig.

40 Guiccardin. Description des Pays-Bas. Anvers. Plantin, 1632. In-fol., planches.

41 Leclerc. Histoire des Provinces-Unies. Amsterdam, 1728. In-fol. Deux vol., rel.

42 Noël Ghomel. Dictionnaire œconomique. Paris, 1712. In-fol, Quatre vol., rel.

43 Brunel. Observations sur les principes du droit coutumier. Saint-Omer, 1724. In-4, rel.

44 Jean Lemaire des Belges. Les illustrations de Gaule et singularitez de Troie. Paris, s. d. In-4°.
45 Ange de Saint-Priest. Encyclopédie du XIXe siècle. Paris, 1855. In-8. Vingt-sept volumes, rel.
46 Delawarde. Histoire du Hainaut. Mons, 1718-22. In-16. Six vol. reliés.
47 P. Rich. Dictionnaire des Antiquités romaines, Paris, 1861. In-16, figg. rel. Quelques pages ont été interverties par le relieur.
48 La Mode illustrée, 1866-73. Huit vol. in-fol., rel.
49 L'Illustration, 1843-1865. In-fol. Trente-trois vol., rel.
50 La Semaine des Familles, 1863-66. In-fol. Deux vol, rel.
51 De Vaugondy. Atlas, revu par de La Marche. Paris, s. d. In-4°.
52 Revue des races latines. Paris, 1860-61. Seize livraisons, broch.
53 Questions sur l'encyclopédie. Londres, 1776. Dix volumes in-8, brochés.
54 De Partz de Pressy. Rituel du diocèse de Boulogne. Boulogne. 1780. In-4°, rel.
55 Paquot. Mémoires pour servir à l'histoire littéraire des Pays-Bas. Louvain, 1763 à 1770. Dix-huit volumes in-16, broch,
56 Adam. Antiquités romaines. Paris, 1826. In-12. Deux volumes. brochés.
57 Les Délices des Pays-Bas. Sixième édition. Liége, 1769. Cinq vol.
58 De Lamartine. Histoire des Girondins. Bruxelles, 1847. In-12.— Idem. Voyage en Orient. Bruxelles, 1835. Quatre vol. br.
59 De Lamartine. Histoire de Turquie. Paris, 1855. In-12. Huit vol. brochés.
60 Thiers. Histoire du Consulat et de l'Empire. Paris, 1845 à 62. In-8. Vingt-six vol. carton.
61 Œuvres complètes d'Augustin Thierry. Paris, 1847. In-12. Huit vol. broch.
62 Œuvres de J.-J. Rousseau. Genève, 1782-89. Trente-trois vol. In-12, rel.
63 Tissot. Histoire des guerres de la Révolution française. Paris, 1821. In-8. Deux vol., rel.
64 Mémoires de Napoléon écrits à Sainte-Hélène par Montholon et Gourgaud. Paris, 1823. In-8. Huit vol. rel.
65 Le Glay. Histoire des comtes de Flandre. Paris, 1843. In-8. Deux vol. broch.
66 Pagès. Histoire secrète de la Révolution française. Paris, 1797. In-8. Deux vol., rel.
67 Dulaure. Esquisses historiques de la Révolution française. Paris, 1823. In-8. Six vol., rel.
68 De Montrol. Histoire de l'émigration. Paris, 1825. In-8, rel.
69 Fain. Le Manuscrit de 1814. Bruxelles, 1823. In-8. Deux vol., rel.

70 Guizot. Du gouvernement de la France. Paris, 1820. In-8, rel. — Des moyens de gouvernement et d'opposition. Paris, 1821. In-8, rel.

71 Barry. Napoléon en exil. Bruxelles, 1823. In-8. Deux vol., rel.

72 Recueil de pièces sur le captif de Sainte-Hélène. Paris, 1821. In-8. Quatre vol., rel.

73 De Ségur. Histoire de Napoléon. Bruxelles, 1825. In-8. Deux vol., rel.

74 Voyages en France. Paris, 1817. In-8. Quatre vol., fig., rel.

75 J.-J. Rousseau. La Nouvelle Héloïse. Paris, 1808. In-8. Quatre vol., fig., rel.

76 Œuvres de Piis. Paris, 1810. In-8. Quatre vol., fig., rel.

77 Gaillard. Histoire de la révolte de France et d'Angleterre. Paris, 1818. In-4. Six vol.

78 Linguet. Mémoire sur la Bastille. Londres, 1784. In-8, fig., rel.

79 Mémoires de Sully. Paris, 1827. In-8. Six vol., rel.

80 Œuvres complètes de Voltaire. Paris, 1819-1822. Soixante-six vol. in-8, fig., bien reliés.

81 A. Thiers et J. Bodin. Histoire de la Révolution française. Paris, 1823-27. In-8. Dix vol., rel.

82 Discours du général Foy. Paris, 1826. In-8. Deux vol., rel.

83 Mémorial de Sainte-Hélène. Bruxelles, 1822-24. In-12. Neuf vol., rel.

84 La Harpe. Cours de littérature. Paris. 1817. In-16. Seize vol., reliés.

85 Chateaubriand. Le Génie du Christianisme. Lyon, 1809. In-16. Neuf vol., rel.

86 Barthélemy. Voyage d'Anacharsis. Paris 1810. In-16. Neuf vol., rel.

87 Chateaubriand. Itinéraire de Paris à Jérusalem. Paris, 1812. In-8. Trois vol. — Révolutions anciennes et modernes. Bruxelles, 1824. Deux vol. rel.

88 Œuvres de Regnard. Paris, 1801. In-8. Cinq vol. rel.

89 Œuvres de Gessner. Paris, An VI. In-8, fig. Quatre vol., rel.

90 Mémoires du duc de Rovigo. Bruxelles 1828. In-18. Huit vol., rel.

91 Œuvres de Gilbert. Paris, 1800. — Œuvres de Champfort. Paris, 1813. — Berchoux, la Gastronomie. Paris, 1805. — Œuvres de Piron. Paris, 1810. — Œuvres de S. Lambert. Paris 1813. Ensemble cinq vol. in-18, rel.

92 Œuvres de Parny. Quatre vol. in-18, rel.

93 Œuvres choisies de Corneille et de Racine. Six vol. in-18.

94 Œuvres de Lemierre, de Mirabeau, etc. Sept vol., in-18.

95 Rousseau. L'Emile. Amsterdam, 1774. Deux vol., in-12, rel.

96 Adam Smith. Recherches sur la nature et les causes de la richesse des nations. Paris, 1800. Quatre vol., in-8, rel.

97 Œuvres de Rabelais. Paris, 1823. Neuf vol., in-8, figg., rel.

98 Choix de Discours prononcés à la tribune nationale. Paris, 1818-20. Figg. Vingt-deux vol., in-8, rel.

99 Œuvres du comte de Tressan. Paris, 1823. Figg. Dix vol., in-8, rel.

100 Leclercq. Proverbes dramatiques. Paris, 1828-30. Sept vol., in-8, rel.

101 Le Génie de la révolution. Paris, 1817. Trois vol., in-8, rel.

102 D'Arlincourt. Charlemagne, poème. Paris, 1818. Deux vol., in-8, rel.

103 Vie des Pères et des Martyrs. Villefranche, 1763-82. Douze vol., in-16, rel.

104 Boispreaux. Satyre de Pétrone. La Haye, 1762. Deux vol., in-12, rel.

105 L'Espion dans les cours par ***. Cologne, 1731. Cinq vol., in-12.

106 Mémoires du marquis de Pombal. Bruxelles, 1784. Quatre vol., in-16.

107 Fénélon. Œuvres spirituelles. Paris, 1810. Télémaque. Ensemble six vol., in-12.

108 Mignot. Histoire de l'empire ottoman. Paris, 1773. Quatre vol., in-16, rel.

109 Fleury. Histoire ecclésiastique. Paris, 1722-1758. Trente-sept vol., dont un de tables. Petit in-4°, rel.

Très bel exemplaire de ce livre estimé.

110 Dutard et Sassère. Dictionnaire de jurisprudence usuelle. Paris, 1846. In-8, broch.

111 Œuvres de Delille. Paris, 1812. Huit vol., in-16, figg., rel.

112 De Potter. Lettre de saint Pie V. Bruxelles, 1827. In-8, figg., rel.

113 A.-V. Arnoult. Les Loisirs d'un banni. Bruxelles, 1823. Deux vol., in-8, rel,

114 Fournel. Les Lois rurales de France. Paris, 1833. Deux vol., in-16, rel.

115 Duclos. Mémoires de La Vallière. Paris, 1870. Deux vol., in-8.

116 Tableau de Paris. Amsterdam, 1783-1788. Dix vol., in-16, rel.

117 Un lot de vingt volumes des œuvres de Pigault Le Brun. Broch.

118 Carel. La France ancienne et moderne. Paris, 1820. Deux vol., in-8, rel.

119 Legouvé. Le mérite des femmes. Paris. An IX. In-16, figg., rel.

120 Manuel des cérémonies romaines. Avignon, 1840. Trois vol., in-16, broch.

121 De Spanheim. La Papesse Jeanne. La Haye, 1758. Deux vol., in-16, figg., rel.

122 Rioust. Joseph II. Bruxelles, 1823. Un vol., in-8, figg., rel.
123 De Moustier. Œuvres. Paris, 1809. Six vol., in-16, figg., rel.
124 Lelewel. Etudes numismatiques et archéologiques. Type gaulois. Bruxelles, 1835. Un vol., in-8 et atlas, broch. Plusieurs pages et planches ont la marge mangée par les rats.
125 Mionnet. De la rareté et du prix des médailles romaines. Paris, Deux vol., in-8, figg., rel.
126 Lot de brochures traitant d'archéologie.
127 Simon Seboucq. Histoire ecclésiastique de Valentiennes; — réimpression de A. Dinaux. In-4, s. d., broch. — H. Caffiaux. Le siège de Valenciennes; poëme. Valentiennes, 1843. In-4°, broch.
128 Hossart. Histoire ecclésiastique et profane du Hainaut. Mons, 1792. Deux vol., in-8, broch.
129 Le même ouvrage.
130 Illustrations de la Gaulle Belgique, Antiquités du pays de Haynnau et de le grad. cite des Belges : a présent dicte Bavay. Trois parties en un vol., in-fol. Paris, Galliot Du Pré, 1531.
131 Vinchant et Ruteau. Annales du Hainaut. Mons, 1648. Un vol., in-fol., rel.
132 De Nogent et de Laguerronnière. Histoire de la guerre de 1870-71. Charleville, 1871. In-8, broch.
133 J. Wiggen. Comentaria in Thom. Aquinatum. Louvain, 1629-43. Quatre vol., in-fol., rel.
134 Annuaire encyclopédique. Paris, 1859-71. Neuf vol., in-8, broch.
135 Encyclopédie des sciences, des lettres et des arts. Paris, 1876 et suiv. Un paquet de livraisons, broch.
136 Dictionnaire de l'Académie française. Sixième édition. Paris, 1835. Deux vol., in-4°, rel.
137 Gilbert. Codes annotés. Paris, 1859-60. Trois vol., in-8, rel.
138 Le Journal financier. 1867-74. Sept vol., in-4°. rel.
139 De Pretz. Traité de chimie et de physique. Paris, 1830-36. Trois vol., in-8, rel.
140 Recueil de médailles de peuples et de villes — et les suppléments. Paris, 1763-70. Neuf vol., in-4°, broch. Un des volumes de supplément a quelques pages mangées des souris.
141 Vinchant. Annales du Hainaut. Bruxelles et Mons, 1848-54. Six vol., in-8, broch.
142 Jacques de Guise. Histoire du Hainaut et supplément. Paris, 1826-37. Vingt et un vol., in-8, broch.
143 Trois volumes sur Bavay.
144 Condorcet. Mémoire manuscrit sur le canal de Picardie. Un cahier cartonné.
145 Lot de brochures sur Valenciennes et le Hainaut. Dix pièces.

146 De Commynes. Chronique et Histoire. Paris, 1549. In-12, rel.

147 Bulletin scientifique du département du Nord. 1869-1878. Manquent quelques livraisons de 1869, de 1872 et de 1878, broch.

148 Faverot et Petit. Chronique d'Arras et de Cambrai, par Balderic. Valenciennes. S. d. In-8, rel.

149 Une collection de la *Minerve française*.

150 Paquet de livraisons du *Mercure français* et du *Journal des Communes*.

151 Un paquet de brochures relatives à Valenciennes, etc.

152 Noël et de La Place. Cours de littérature. Paris, 1816. Deux vol. in-8, rel.

153 Castille. De l'Opéra en français. Paris, 1820. Deux vol., in-8, rel.

154 Pottinger. Voyages au Beloutchistan. Paris, 1818. Deux vol. in-8, relié.

155 Dulaure. Singularités historiques. Paris, 1825. — La vérité sur les Cent jours. Bruxelles, 1825. — Gourgaud. Campagne de 1815. Paris, 1818. Ensemble trois vol., in-8, rel.

156 P***. Dictionnaire bibliographique. Paris, 1824. Deux vol. in-8.

157 Esmenard. La Navigation. Paris, 1806. — Dugat. La Mort d'Azaël. Paris, An VII. Ensemble deux vol. in-8, rel.

158 B. Constant. Discours. Paris, 1828. Deux vol., in-8, rel.

159 Bibliothèque historique ou recueil de matériaux, etc. Paquet de livraisons, broch.

160 Archives historiques du Nord de la France, publiées par Le Glay, Le Roy et Dinaux, 1829 et suiv. Dix-sept vol., reliés et broché.

161 Bulletin monumental publié par de Caumont, 1845-50. Paquet de livraisons, broch.

162 Bulletin de la commission historique du Département du Nord. 1841 à 1846 et 1877. Vol. brochés.

163 Documents pour servir à l'histoire de la captivité de Napoléon. Paris, 1821. — Mémoires du général Rapp. Paris, 823. Fig. Ensemble deux vol. in-8.

164 De Potter. Vie de Scipion de Ricci. Bruxelles, 1825. Trois vol. in-8, rel.

165 Salques. Erreurs et préjugés de la Société. Paris, 1811. Deux vol., in-8, rel.

166 Mercier. Mon bonnet de nuit. Neufchâtel, 1784. In-8. Deux vol., reliés.

167 La Dunciade. Londres, 1773. In-8. Deux vol.

168 Louis Bonaparte. Documents sur le gouvernement de la Hollande. Bruxelles, 1820. In-8. Deux vol., rel.

169 M. Duboccage. La Colombiade. Paris, 1758. — Opuscules poétiques, par Carnot. Paris, 1820. Ensemble deux vol. in-8, reliés.

170 De Barante. Des communes et de l'aristocratie. Paris, 1821. In-8. relié.

171 De Pradt. La France et les colons. Bruxelles, 1825. — L'Europe et l'Amérique. *Ibid.* 1821. — Concordat de l'Amérique. *Ibid.* 1827. Ensemble cinq vol. in-8, rel.

172 Onés. Leroy. Etudes sur Ducis. Paris, 1832. In-8, rel.

173 Gourgaud. Napoléon et la grande armée. Paris, 1825. In-8, rel.

174 Banier. Les Métamorphoses d'Ovide. Paris, An VII. Quatre vol. In-12, rel.

175 Manuel maçonnique. Paris, 1820. Planches. In-8. rel.

176 Loix de Mons. Mons, 1761. In-16, rel. — Chartes du Hainaut. — Mons, 1735. In-4°. Ensemble deux vol. rel.

177 Traite de juridictions pour les provinces du ressort du parlement de Flandres. Douai, 1762. — Arrêts du parlement de Flandre. Douai, 1716. Ensemble deux vol., rel.

178 Loix du Hainaut de l'an 1534. Mons, 1775. In-8, broché.

179 Lambiez. Histoire monumentaire du Nord des Gaules. Mons. S d. Deux vol., rel.

180 Lot d'ouvrages sur le Hainaut, etc.

181 Paquet de livres sur l'histoire contemporaine, etc.

182 Carte routière du département du Nord.

183 Coutumes de Lille. Lille, 1673. In-4°, rel.

184 Recueil de placcarts de Hainnau. Mons, 1664. In-4°, rel.

185 Coustumes de Valentiennes. Valenciennes, 1683. In-4°, rel.

186 Les Fastes de la Gloire. Paris, 1818. Cinq vol. in-8, rel.

187 Arnault, etc. Biographie des Contemporains. Paris, 1820-25. Vingt vol. In-8, rel.

188 Galerie des Contemporains. Bruxelles, 1827, et suiv. Neuf vol. In-8, rel.

189 Dulaure. Histoire de Paris. Paris 1823-28. Dix vol. in-8, rel.

190 Jouy et Jay. Les Hermites en liberté. Paris, 1824, fig. Deux vol. — Ymbert. Mœurs administratives. Paris, 1825, Deux vol.

191 Guillaume le Franc Parleur. Paris, 1815. Deux vol. in-12, rel. — Jouy. L'Hermite de la Guyane. Paris, 1816. Trois vol. in-12, rel. — L'Hermite en province. Paris, 1818. Cinq vol. in-12, rel.

192 L'Hermite en Suisse. Paris 1829. Trois vol. in-12, rel. — L'Hermite en Ecosse. Paris, 1826. Deux vol. in-12, rel. — L'Hermite en Irlande. Paris, 1826. Quatre vol. in-12, rel.

193 L'Hermite en Italie. Paris, 1824. Quatre vol. in-12, rel. — L'Hermite à Londres, 1827. in-12. Trois vol., rel. — L'Hermite de la Chaussée d'Antin. Deux vol. in-12, rel. — L'Hermite en prison. Paris 1823. Deux vol. in-12, rel.

194 L'Hermite en province. Paris, 1819. Quatorze vol. in-12, rel. (le 1er vol. manque.) — L'Hermite en Belgique. Bruxelles, 1827. Deux vol. in-12. — L'Hermite du faubourg Saint-Germain. Paris, 1825. Deux vol. in-12, rel. — L'Hermite en Russie. Paris, 1829. Trois vol. in-12, rel.

On vendra hors catalogue une grande quantité de romans, de brochures politiques, et littéraires, d'ouvrages de piété etc., etc. (environ 500 vol.), à répartis en lots au gré des acheteurs.

www.ingramcontent.com/pod-product-compliance
Ingram Content Group UK Ltd.
Pitfield, Milton Keynes, MK11 3LW, UK
UKHW022153170726
13837UKWH00004B/1956